미루

시동인 미루 3호

·
·
·

미루

신새벽 외

건강신문사
www.kksm.co.kr

미루의 창을 열며

뜨거운 여름을 보내기 위해
도서관으로 발길을 두었습니다.
아침 9시에서 저녁 6시까지…
능소화 붉은 꽃이 떨어지는 것도 잊고 지낸 여름입니다.

―신새벽

나에겐 비밀이 있다. 그 비밀을 말하고 싶은 욕망, 떨쳐내지 못하고 한없이 수다스러워지곤 한다. 나를 과묵하다, 품평하는 이도 간혹 있으나, 실은 엄청난 수다쟁이다. 그 수다가 싫다. 이번에는 꼭 깊은 속내에서 우러난 진액 같은, 오랜 세월을 감내한 씨간장 같은 말만 해야지. 또 수다꾼이 되었다.

―김선아

엄마는 아직 시간의 소용돌이 속에서 빠져나오지 못했다. 게임 속 장면처럼 잠깐 눈을 가렸다가 뜬 것 같은데, 1년의 세월이 사라졌다. 우리가 약속했던 것들이 스러져가는 시간을 들여다볼 틈도 없이 시간의 언저리만 빙빙 도는 중인데, 시의 손길만이 나를 어루만지고 있다. 사는 일도, 시를 쓰는 날도 모두 눈물겹다.
―김밝은

삶의 코드를 짚어 본다

가을 미사는 두근거리는데 시간의 간결은 이리 막연할까
여름의 문장 끝에서 짙푸른 녹음은 왜 생전 처음처럼 혹독하나
호수에 담긴 난해한 코드를 후르륵 들이키는 이 새빨간 저녁은

왜 이리 다디단 걸까
―금시아

있잖아.
내 시의 한 편쯤은 유행가로

불렀으면 좋겠어.
사람을 보내고 어둠 속에서
짐승같이 우우거릴 때
가슴팍을 박차고 나와 부르고 또 부르다
맨몸으로 바다에 닿게 말야.

—강빛나

　멈춰있는 시간을 두려워하는 시의 얼굴, 두려움을 두려움으로 종이의 길을 걷는다.
　투명한 날개를 파닥이다 저 날개로 날 수 있을까? 시가 제발 얼굴을 깔고 뭉개지지 않기를.

—하두자

　내 안으로 가는 길 밖에 알지 못하는데 그 길에서도 내가 나를 만나지 못한다. 어떤 기억들이 녹슨 별로 가라앉아 자주 바닥을 뒤집는다.
　어떻게 해야 내가 섬처럼 박혀 수면의 무늬 정지될까.
　어떻게 해야 구구절절을 제거할까.

—유현숙

2025년 9월

차례

미루의 창을 열며 • 4

초대의 자리

강인한
북면北面들 • 15

양애경
나이 • 19

나호열
질주 • 25

정한용
희망이라는 절망 • 29

나기철
수평선 버스 • 33

맹문재
바쁜 사랑 -김수영의「장마 풍경」• 37

조연향
축제가 열리겠다 • 43

미루

신새벽

>메타포 배달부 • 49
>붉은 페인트 통 안에 붉은 망토의 여자 • 51
>거울 상상 • 52
>조금 • 54
>달의 기울기를 조절하면 • 56
>걸음 이야기 • 58

김선아

>비단길 • 63
>귀인 • 64
>달빛의 탄생 • 65
>우리도 청산 가자 • 66
>술래잡기 • 68
>내 볼을 꼬집어 봤다 • 70

김밝은

>루시드 드림 • 75
>노래하는 새와 뱀의 발라드 • 77
>느다시, 라는 바다역 • 78
>엄마의 환상통幻想痛 • 80
>다정했던 심장과 이별을 말하려 할 때 • 82
>저 문 앞에서 서성이는 • 84

금시아

    동검도-성지순례 • 89
    중간 세계 • 90
    봄날의 적금 • 92
    군말 일기 • 94
    고집을 짓다 • 96
    아이스크림처럼, • 98

강빛나

    사명 • 103
    푸른 날의 지팡이 • 105
    잔나비와 말 • 107
    초록 눈의 물고기 • 109
    먹구름 • 111
    므두셀라 증후군 • 112

하두자

    언니, 딸기 • 117
    부루마불 게임 • 119
    실용적인 졸업식 • 121
    온기 • 123
    예당호에서 • 125
    불면 • 127

유현숙

    자두나무 • 133
    밀롱가 • 134
    콜대식 풍으로 연燕께 • 136
    눈빛, 오후 6시의 • 138
    푸른 꽃 • 140
    무자경無字經 한 채 • 142

초대의 자리

강인한
북면北面들

양애경
나이

나호열
질주

정한용
희망이라는 절망

나기철
수평선 버스

맹문재
바쁜 사랑 -김수영의 「장마 풍경」

조연향
축제가 열리겠다

강인한

1967년 조선일보 신춘문예 시로 등단. 시집 『두 개의 인상』 『장미열차』 외.
한국시인협회상, 시와시학시인상, 전봉건문학상 수상.

북면北面들

다음 월요일엔 남쪽 마을
촉이 보드라운 봄을 한 상자 택배로 주문하자.

사나운 바위가 분홍의 혀를 내밀어
봄 산에 오르는 그대 발뒤꿈치를 노릴 것이다.
피가 가려운 햇살은
앞발로 땅을 파헤쳐 경칩의 흙냄새를 뒤지고,

열차 칸칸마다 KKK 같은 비밀결사가
북면北面*들을 열심히 태워
들끓는 코로나 광장으로 보내고 있다.

이어폰을 꽂은 저들은
나선의 동굴 속 나비 꿈을 비집고
내 유년의 키 소금을 훔쳐간 스파이들이다.

오늘 밤에도
이빨에 야광을 칠한 악어가
창밖으로 후크의 악몽처럼 스윽 지나간다.

*The North Face

양애경

1982년 중앙일보 신춘문예 등단. 시집 『얼었구나!』 『맛을 보다』 『불이 있는 몇 개의 풍경』 등. 김종철문학상, 풀꽃문학상, 애지문학상 등 수상.

나이

첫눈 오는 날

여자고등학교 3학년 교실

아이들은 창에 매달려 환호성을 지르고

하늘에선

땅에 닿기 위해 빠르게 뛰어내리는 눈발들이 웅성거릴 때

열여덟 살의 나는

교실 안의 친구들 곁, 아주 먼 곳에 서서

빨리 할머니가 되었으면 좋겠어

아니, 차라리 전쟁이라도 나면…

하고 중얼거리고 있었다
거짓말처럼

시간이 나를 뚝 떼어 이 자리에 부려놓고 가자

이제 진짜 할머니가 되었는데

나는 그때 원하던 대로 되었을까?

그때 나는
피가 지글지글 끓고

입안이 바싹바싹 탔다

특별한 일 없이도 그랬고

작은 일 하나라도 마음에 걸리면 그랬다

선 채로

땅속에 스며들어 사라져버리기를 얼마나 바랬던가

이제는 그때처럼 피가 뜨겁지 않다

그때처럼 막무가내로 치닫지도 않는다

대신 콕 찌르기만 해도

뭉클, 물기가 스며나온다

불 대신 물

그래서 동네의 오래된 우물이

그렇게 깊숙하게

초록 이끼가 끼었었나 보다

나호열

1986년 『월간문학』, 1991년 『시와 시학』으로 등단. 시집 『안부』 등 20여 권. 시선집 『울타리가 없는 집』 『바람과 놀다』. 공저 『남양주 석실서원』 『운악산 봉선사』 『도봉산』 등. 현재 도봉문화원 부설 도봉학연구소장.

질주

나는 말이다
심장에 광활한 초원을 품고 태어났다
그러나 나는 감옥이나 다름없는 막사와
트랙을 오가는 경주마가 되었다
신호가 울리면 눈을 가린 채로
초원을 달리는 환상을 꿈꾸며 트랙을 달렸다
나의 주인은 상금을 타서 좋아하고
나는 미친 듯이 달릴 수 있어서 좋았다
그러나 기계가 아닌 나는
뼈가 닳고 근육이 해져서 달리기를 그만두었다
승마 초보자들을 태우고 터벅터벅 조심조심
걷는 일을 했다
관광 마차를 끄는 친구들도 있었는데
결국은 안락사를 당하거나
도축되어 고기로 팔려나갔다
나도 폐차장과 다름없는 곳으로 끌려가
굶어 죽었다
오래전 내 주인이 지어준 이름
나는 질주였다

정한용

1985년 〈시운동〉 시 발표로 작품활동 시작.
시집 『유령들』, 『거짓말의 탄생』, 『천 년 동안 내리는 비』, 『희망이라는 절망』 외.
영어 번역 시선집 『How to Make a Mink Coat』 『Children of Fire』과,
스페인어 번역 시선집 『Registros de la experiencia humana』 등.

희망이라는 절망

 희망이 싸졌다. 십여 년 전부터 공급이 넘치기 시작하더니 가격이 폭락했다. 백화점 명품코너에서 VIP 고객에게만 밀거래하듯 판 적도 있었는데, 이젠 동네 마트에서도 쉽게 구할 수 있다고 했다. 들리는 말로는 희망을 생산하던 지식 엘리트들의 담합이 깨졌기 때문이라고도 하고, 방송에 나와 떠드는 자칭 전문가에 의하면 원래 효과가 미미한 것이었는데 드디어 소비자들에게 그 정체가 들통났기 때문이라고도 했다. 우리처럼 평생 희망이란 걸 사본 적 없는 보통 사람들이야 값이 오르든 내리든 상관이 없지만, 나는 어제 황당하기 그지없는 일을 겪었다. 그리스 여행을 다녀온 소평 씨가 선물이라고 준 상자를 열어보니, 거기에 상한 희망이 한 봉지 들어 있었다. 아마도 유효기간이 지났거나, 비행기로 오는 도중 탈이 난 듯했다. 준 이도 몰랐지 싶다. 속이 무르고 색깔이 변했는데, 우리나라 썩은 희망과 비슷해 보였다. 그냥 버려야 하나, 준 이를 생각해 잠시라도 보관해야 하나, 걱정으로 잠이 오지 않았다. 희망이 조금씩 조금씩 절망으로 변질돼 갔다. 세상 썩는 냄새가 고약했다.

나기철

1987년 『시문학』으로 등단. 시집 『섬들의 오랜 꿈』 『남양여인숙』 『뭉게구름을 뭉개고』 『올레 끝』 『젤라의 꽃』 『지금도 낭낭히』 『담록빛 물방울』. 풀꽃문학상, 서정시학상, 김달진문학상 수상. '작은詩앗·채송화' 동인.

수평선 버스

어묵 공장
나와

늘 5시 5분 버스
오기 전
여남은 한 무리

꽃잎 하나씩
없는

버스 꽉 찬다
누군가 큰 소리
큰 대답

그렇게 서로
한 세상으로!

맹문재

1991년 『문학정신』으로 작품 활동 시작. 시집 『먼 길을 움직인다』 『물고기에게 배우다』 『책이 무거운 이유』 『사과를 내밀다』 『기룬 어린 양들』 『사북 골목에서』 등. 전태일문학상, 윤상원문학상, 고산문학상, 김만중문학상, 효봉윤기정문학상 수상. 현재 안양대 국문과 교수.

바쁜 사랑
-김수영의 「장마 풍경」

1
너무 바쁘게 산다고 사람들이 나를 걱정할 때마다
격려로 들으며
물결처럼 감격한다
희망을 번복하지 않고 살고 있기에
잇새에 다짐을 물고
기적 같은 사랑을 품는다

너무 바쁘게 산다고 사람들이 나를 걱정할 때마다
부러움으로 들으며
숨결처럼 미안해한다
살아갈 길이 없어 헤맨 날들이
도둑질조차 할 수 없는 그들의 형편 같기에
기적 같은 사랑을 품는다

2
나뿐만 아니라
나와 관계없는 사람들까지

비가 쏟아지듯 바쁘다면

사랑도 바빠질 것 아닌가

바쁜 사랑이 다른 사랑에 전해져
세상은 초화화처럼 피어날 것 아닌가

바쁜 사랑이
사랑을 부른다

3
갑자기 비가 쏟아진다

가로수가 바쁘고
횡단보도가 바쁘고
간판들이 바쁘다
천둥도 몰려온다

보도블록 같은 사람들이 바쁘다

바쁘지 못한 사람들이 골목에 보이기에
나도 바쁘다

조연향

1994년 경남신문 신춘문예, 2006년 『시와 시학』으로 등단. 시집 『제1초소 새들 날아가다』 『오목눈숲새 이야기』 『토네이도 딸기』 『길 위에서의 질문』. 저서 『김소월 백석 민속성 연구』.

축제가 열리겠다

남자는 양의 배를 갈라 창자 속 풀을 꺼내고
내장을 처리하는 일은 여자의 몫

동충하초를 먹은 겨울날의 양을
살찐 양을 잡아야 성대한 축제가 열리겠다

아무런 반항을 모르는 양
나무에 묶여있으면 이제 응당 땅 위에 진홍의 피를 뿌려야 한다

잡히지 않는 양은 새봄에 또 새끼를 낳는다
젖을 먹이려면 더 열심히 건초를 먹어야 한다
남은 양유는 또 치즈가 되고

언제나 남자는 양의 배를 가르고 여자는 내장과 살점을 요리하는 동안
온 마을은 알라신에게 기도를 올린다

다시 나무에 묶일 때 까지 건초가 무색해지면 또 축제가 열리고 양은 천국에 오르겠다

미루

신새벽

김선아

김밝은

금시아

강빛나

하두자

유현숙

신새벽

메타포 배달부
붉은 페인트 통 안에 붉은 망토의 여자
겨울 상상
조금
달의 기울기를 조절하면
걸음 이야기

메타포 배달부

당신…
어디쯤 오고 계신가요
손금 사이로 심오하게 흐르는 항로를 들여다보며 오고 있겠지요

조난당한 영혼들이 숨 쉬고 있을
탁한 안개를 잘 지나서 오시길

청회색 비둘기들이 순식간에 떼 지어 날아 가버리듯
장르를 잃어버린 문장들이 허공으로 흩어진 절망입니다

거칠어진 손가락으로 기억을 문지르고
내 가슴팍을 긁어도
끊어진 필라멘트처럼 차가워요

서늘하고 예리했던 눈길은 탁해지고
감염되어버린 활자들이 흐느적거려요

방부제 가득 뒤집어쓴 푸른 수국의 갸륵한 성품을 복제해 보기도 하지만

깜깜해진 감정이 되어서 아무도 알아 볼 수 없어요
깨진 거울의 아픔처럼
불현듯 방문하는 오해와 편견들이
내 열정을 가로막고 있어요

누군가의 손길이 지나가지 않았던
신선한 서정의 살을 잘 발라서 데코하면
한 장의 악보를 가질 수 있을까요

젖가슴을 간지럽히면 열리는 입
사색을 말하는 혀를 기다려요

조금이라도 열려 있는 문으로
어깨를 펴고 오서요

붉은 페인트 통 안에 붉은 망토의 여자

절간 마당에 서성이는 붉은 덩어리들
치켜 뜬 눈썹위에 옥수수 알처럼 눈물이 맺혔다
응축 되었던 노을이 풀어지듯
온통 붉은 바다를 이루고 있다

가녀린 몸을 한껏 들어 올린 그리움
눈물 행간이 빼곡하다
퉁퉁 부은 붉은 눈
욱신거리던 기다림의 통증
전혀 시들지 않을 것 같은 이름을 갖고도 늘 울먹이다가
회색빛 옷자락 스치는 소리에 고개를 치켜드는 수줍음

슬픔이 눌러 앉은 자리마다 예민하게 흔들리는 몸짓
간절히 건네던 말이 닿기도 전 굴러 떨어진다

드문드문 얼룩진 안부에 기대어
뜨거운 계절을 팽팽하고 당당히 견뎌내고 있다

겨울 상상

얼음장 같이 깨진 아침
검은 커튼 속 숨어 있던 말라죽은 거미가
촉수를 구부린 채 매달려 있다

언제부터 있었던 거야
자기가 처놓은 미로에 갇혀 비명만 지르다 간 허기

일곱 밤이 지나도록 자를 수 없는 밤의 음표들로 가득했던 까만 밤

두 개의 혀를 가진 불행이 귀를 쫑긋 세우고
견고한 겨울은 체위를 바꿀 생각이 없는지
유리창을 뚫는 소곤소곤 고양이 발소리만 귓속에 들어 앉아
밤새 결핍의 시간을 끙끙 앓는다

해체 되지 않은 결빙의 시간은 더욱 견고 해지고

텅 빈 바닷가를 바라보다
바다가 문을 닫으면

파도의 입술도 사라지겠지

파란 대문 앞 맨발로 서있던 아이는 마른 표정을 하고
따스한 신발을 기다리고 있다
얇게 저미어온 위태로운 기침소리와
종이컵 속 뜨거운 커피가 식어간다

조금

들숨으로 석양을 마시며 달려온 곳

귓속에 박힌 화살이 좀처럼 빠지지 않고 있다
짜디짠 바닷물에 환부를 갖다 대어본다
아니겠지… 아닐 거야…

바다가 토해놓은 고동을 몇 개 주워 손바닥에 올려놓고
향기로운 듯 킁킁 거린다

외딴 언어들만 줄지어 늘어선 바닷가에
허리 굽은 여자가 허물어져 가는 상현달 아래 멈춘다
뭣 한디 왔소, 조금 이자네…
걸쭉하고도 세월의 녹물이 꿉꿉하게 흘러내리는 목소리

몇 개의 고동이 몸을 움츠린다

아직 밀봉되지 못한 울음이 터지기 직전
그녀의 탄식하듯 내뱉우 말에

툭하고 웃음이 터진다

화나고 불안했던 촉수가 슬며시 가라앉는다

바닷물에 끈적이는 발을 오므리며
굽은 허리를 향해 시선을 두고
가볍게 목례를 한다

달의 기울기를 조절하면

별 하나 떨어졌다

검은 하늘에 빗금이 그어지고
커다란 운석이 소리도 없이 들어와 박힌다

할

비명을 지르는 슬픈 심장, 모자라는 입
얼굴은 눈물로 뭉개진다

밀폐된 어둠에 갇혀 차가워지는 가을밤
칠흑의 후문에서 머리카락 잡아당기던 초승달을
다시 되돌려놓고 싶은 기울기

쓰고 싶지 않은 문장들을
노란 산국 향기와 함께 입속으로 구겨 넣는다

긴 호흡으로 쓰신 경전

당신으로 인해 삼킨 자음과 모음들이

때로는 무의식 속으로 들어가고
때로는 내 눈을 빛나게 했다

늑골 속에는 푸르렀던 말씀을 문신처럼 새기는 시간

난 오롯이 반가사유

걸음 이야기

적막을 끌고 오는 천개의 걸음

고개를 수그리고 저만치 거울 속에서 걸어오는 발
질퍽한 진흙이 맨발에 우울하게 달라붙어있다

걸음의 방식에는 어떤 기호들이 숨을 쉬고 있을까

지그재그, 느릿느릿, 찐득찐득
보폭의 간극이 짧아지고 춤을 추듯 휘청 거린다
반쪽이 되어가는 그림자

견고하고 뜨거웠던 은유는 부서지고
막막함의 껍데기들이 빵 부스러기처럼 떨어진 길

검은머리였던 가르마에 흰 안개가 내려앉고
늘 불안의 구름이 뒤뚱거린다

노을도 계절도 숨차게 달려오고
당신의 파랑 치맛자락은 소녀처럼 흩날리는데
지나온 걸음을 애써 읽지 않으려

오페라의 프리마돈나처럼 입 크게 벌리고 웃기만 한다

엄마…

눈가는 이미 슬퍼지고
발바닥 가장 깊은 내부로 스며든 저 온기는 어쩔까

신새벽

2017년 『월간문학』 등단. 시집 『파랑아카이브』. 제8회 시예술아카데미상 수상.

김선아

비단길
귀인
달빛의 탄생
우리도 청산 가자
술래잡기
내 볼을 꼬집어 봤다

비단길

  황막한 자갈사막에 하늘이 귀히 여기는 길 있다기에 가보려 하네.

  비단 좌판 먼지를 닦고 길 위에 쌓인 천신만고를 비질해 놓고 싶네.

  낡을 대로 낡은 내 빨래가 색색의 비단옷이었던 그때를 꼭 만나보려 하네.

  너덜너덜 실오리로 남더라도 이글거리는 땡볕 짊어지고 가보려 하네.

귀인

귀인이 나타났다. 가시 없는 희귀종 장미 전문가라 했다. 접근금지 밀실로 모셨다.

평탄한 길인가 맘 놓고 뛰다 보면 쐐기풀 섬, 성공가도인가 질러가다 보면 설산 잔도. 이런 좌표가 내 오랜 지병이었고 가시였다. 귀인은 삼칠일만 기다리라 했다. 나는 그 비의가 궁금하여 그만 무릎뼈가 탈골될 지경이었다. 드디어 삼칠일 되는 날, 확 접근금지의 뜨거운 족쇄를 열어젖혔다. 밀실은 온통 장미꽃 무늬와 향수로 얼룩져 있었다. 귀인은 손톱 밑에 숨겨왔던 가시로 벽을 뚫고 먼 도시로 사라진 후였다.

꽃무늬와 향수가 득세하는 세상에서 장미꽃을 키워내느라 고군분투한 이는 가시였다. 가시가 귀인이었다.

달빛의 탄생

달은 하나일 리 없다는 생각
수억의 달이 하나처럼 포개진 거란 생각

수억의 끔찍한 일을 하나의 무너지지 않는 마음이 받쳐주었다는 생각
모난 것 둥근 것
밝은 것 된 것
더러운 것 깨끗한 것
굽은 것 반듯한 것
나는 것 기는 것
혼자서는 도저히 감당 못 했을 일들, 수억의 달이 산천초목까지 포옹해서 저 빛, 저 달빛이 탄생했을 거란 생각

당신 마음도 수억이란 생각
수억의 아픈 당신을 씩씩한 당신이 힘껏 응원하고 지지했단 생각

당신이 빛나야 내 밤길 슬프지 않을 거란 생각
밤길 무사히 건넜을 때 나도 빛날 거란 생각

삼라만상도 빛날 거란 생각

우리도 청산 가자

유대 소녀들이 수용소 나무침상에 새겼다는 나비그림을 보고 온 지 얼마나 되었다고

전망 좋은 땅이 있다기에 서둘렀다.

거우 계단 세 개였는데 문전에서 고꾸라졌다.
복숭아뼈와 발등이 부서졌다.
풍선 인형처럼 퉁퉁 부풀었다.

맹지였어, 지인이 귀띔해 왔다.

나비효과였을 것이다.

진입로 지우고 평지를 계단으로 구부려 헛심아, 정신 차려라
혼났던 흔적

통깁스에 갇힌 발목에서 나비 날갯짓 들끓었다.
핏줄마다 돌무더기가 푸드덕거리는 느낌,
허풍선 터뜨릴 바늘이 콕콕 찔러대는 감촉.

나비야 청산 가자, 창밖을 하염없이 내다보는데
느티나무에도 나비그림이 칼금으로 새겨져 있었던 것.

느티나무 연둣빛 그늘이 그 칼금을 열자, 나비는 비행운처럼 풀풀 날고

내 뼛속 나비야, 우리도 청산 가자.

술래잡기

거울 뒤에 섰다.
-나, 어디 있니?

내 영혼은 너무 오염되고 탈색되어 세상의 속도를 자꾸 놓쳤다.

흰비오리 뺨에 내 뺨 대고 단잠 자면
그 흰빛 내게로 건너와 날개 펼치려니, 했으나
이미 나는 검정 돌멩이였다.
흰비오리가 흰빛 돌돌 말아 은하 너머로 재빨리 날아갔다.

작약 꽃밭에서 사진을 찍었다.
당신은 내 입술에서 붉은 색만 골라 꿀꺽 삼켰다.
무채색이 된 내 혀에서
작약의 붉은 진언을 뒤적이던 비바람이
남아 있던 꽃잎마저 떼어갔다.

아름답고 처절한 서사를 노래할 거야,
작심했던 내 연필은 무성영화를 찍어내고 있었다.

세발자전거보다 느린 속도였다.

거울 앞에 섰다.
-나, 어디 갔니?

내 볼을 꼬집어 봤다

기상 악화로 오늘은 급식을 중단합니다. 죄송합니다.
소장 올림

그럼에도 불구하고
종로3가 천사무료급식소 앞을 돌아 그 옆 골목까지
줄지어 선 이들이 있었다.

서울 2024년 11월 적설량 117년 만에 최대
53중 추돌사고
기상청 속보가 계속 이어지는 아침이었다.

그때였다.
쌍봉에 오아시스를 싣고 모래폭풍을 건너던 낙타 한 마리
불현듯 눈보라를 헤치고 달려왔다.

쌍봉을 열고
설설 끓는 국밥 드럼통을 부려 놓고 있었다.

김선이 金善雅

2011년 『문학청춘』 등단. 시집 『얼룩이라는 무늬』 『하얗게 말려 쓰는 슬픔』. 제3회 김명배문학상 대상 수상. 2023년 한국문화예술위원회 문학나눔 우수도서 선정. 제7회 문학청춘 동인지상 수상.

김밝은

루시드 드림
노래하는 새와 뱀의 발라드
느다시, 라는 바다역
엄마의 환상통 幻想痛
다정했던 심장과 이별을 말하려 할 때
저 문 앞에서 서성이는

루시드 드림

낯선 물결에 떠밀려
울음의 줄기를 붙잡고 따라가고 있어요

애끓는 마음으로 움켜쥐어도
속수무책인 시간이 있었네요

내 모습은 재투성이였는데
환상만 쫓아다니느라 알아채지 못했지요

새벽 세 시
내가 자주 섬이 되었던 이유를 알 것도 같아요
어쩌면, 아름다운 항구라는 뜻을 가진 리스본의 어느 골목에서
운명의 노래 파두를 듣고 싶었는지도요

혹시 알아요
조제 말료아의 그림 속 여인처럼
붉은 치마 속에 폭풍의 시간을 숨겨 누었을시도 모르죠

튕겨 나갈 듯 서로의 허리를 껴안고 걷는

두 사람이 보여요

그러고 보니
나는 검은 옷을 입고 노래하는
파디스타fadista가 되고 싶었는지도 모르겠어요

손가락의 속삭임만으로 나를 깨우지는 마세요
아직 시간이 더 필요한데,

따뜻했던 옆구리가 서늘해지고
놓치고 싶지 않은 손이 조금씩 멀어져가요

노래하는 새와 뱀의 발라드*

메데이아의 손이 없어진
새초롬한 표정을 한 뱀의 말에 길들여진 뒤
너는, 사람 사이를 이간질하며 세상을 떠돌았다

뱀의 기억 속에 향기를 심어놓은
그 사람에게는 독을 내뿜지 못한다는,
비밀스러운 이야기를 선심 쓰듯 들려주며
이따금 의미심장한 표정을 짓기도 했다

새빨간 열망으로 지붕을 칠하고
자랑처럼 소문을 덮은 채 잠들어 볼까 했는데
새까만 커피잔에 게이샤의 유혹을 담아오는 바람에
어쩌다 로스팅이 잘된 오늘의 기분을 쏟아버렸다

우리는 갓 딴 과일처럼
발랄하고 신선한 서로의 거짓말에 어깨를 기댄 채
각자의 노래를 부르며 어제만 만지작거렸다

어떤 슬픔은 아무리 변명을 해도 사치가 되었다

*영화 〈헝거게임:노래하는 새와 뱀의 발라드〉에서 차용

느다시, 라는 바다역

훤한 이마 위 뽀글뽀글 까만 머리는
당신을 떠올리는 기억 속 풍경이었는데

싹둑 자르고 밀어버린 머리가
닿지 못한 섬처럼 낯설고 아득해서 질끈,
마음을 묶어야 했던 날

당신은 생사를 걸고 내달렸을 바다,
수크령 만발한 느다시 언덕에서 기어이
노을을 껴안아 보겠다고 주저앉으며 느닷없이 떠올랐다

잠시 숨 고르기라도 해볼 간이역 하나 없었을 당신의 바다,

수크령 황금 머릿결을 바람에 씻어주는
느다시 바다역에서
내 어깨에 당신 머리 올려놓고
짜디짠 노래라도 오래오래 불러주고 싶은데

물색없이 자꾸 눈으로 안아보는

먼-사람 하나만 하염없이 떠올리게 할 뿐이고

바다는,
사思의 이쪽도
사死의 저쪽도 고요히 내려놓으라는 듯
수크령의 붉어진 얼굴만 쓰다듬고 있다

엄마의 환상통幻想痛

기침 소리마저 당신의 인기척 같아
차마 내려놓을 수 없는 희망이
까칠한 얼굴로 곁에 앉아있습니다

당신의 날들은 언제나 파란만장이어서
눈물이 수식어처럼 따라다녔습니다

어쩌다 환한 시간을 만났나 싶으면
그보다 더 아득한 어둠이 버티고 있던 날들
신은 무슨 염치로
당신을 파란만장 속에만 서 있게 했는지,

온몸으로 끌어안은 생의 가시들을
떼어내지 못한 채 아직도
이승과 저승의 언저리를 헤매고 있나 봅니다

잠깐 웃기도 했을 순간들만 오려내
하나의 시절로 말끔하게 연결하면
아슬아슬한 당신의 내일에 코웃음 칠 수도 있을까요

때죽나무 꽃향기가
희미해진 오월의 한때를 몰고 와
쓰디쓴 오늘을 시의 혀로 달래보려 해도

당신은 여전히 생의 환상통에서 벗어나지 못하고,

다정했던 심장*과 이별을 말하려 할 때

과거형으로 돌아선 기억을
예전처럼 단정하게 세우지 못해 삐딱해진 고개도,

실오라기 같은 아쉬움을 보여주기 싫은
당신의 무표정한 시간에도 더는 저항할 수 없는데

땀으로 위장하려는 눈물마저 포기하라는 듯
매정한 여름비가 몰아쳤다

다정이란 말이 금기어도 아니었는데
언제나 같은 자리에서 글썽이던
당신의 손

주저앉을 수 없다고 그토록 애쓰던,
당신의 그림자가
수면제와 진통제에 희미한 숨을 기댄 채
세상이라는 몸에서 조금씩 지워지고 있는데

만져지지도 않는 젖가슴을 더듬거리며
차라리 이쯤 이별의 문을 두드려보지

손바닥을 맞대 볼까

여전히 다정하지 않은 생각만 떠올리는 내게
뜨거운 욕이라도 한 번 시원하게 퍼부어봐

엄마,

*영화 <다정한 심장>에서 차용

저 문 앞에서 서성이는

우리의 마지막과 만나면 어떤 인사를 해야 할까

당신의 심장은 아직도
저 혼자 싱싱하게 펄떡인다는데

뒤늦은 인사처럼 눈이 내리고
간절한 목소리를 목숨처럼 껴안을 때
뜨겁던 당신의 붉은 몸도 닫히게 될까

우리가 그토록 그리던 이국의 어디쯤
푸른 빛으로 모르포나비 손짓하고 있을지 모른다며
잠깐 웃었던 어제를 기억하라 했던가

죽음이 춥고 어둡다는 건
가보지 않은 이들의 말일뿐일지도 몰라서

생에서 돌아서지 말라고 말하고 싶은
내 욕심을 그만 내려놓을까 하면서도

잘 가, 라는 말은 너무 멀고

안녕, 이란 말은 너무 가벼워서

아직
마지막 인사말을 찾지 못했네

김밝은

2013년 『미네르바』로 등단. 시집 『술의 미학』 『자작나무숲에는 우리가 모르는 문이 있나』 『새까만 울음을 문지르면 밝은이기 될까』 등. 시예술아카데미상, 심호이동주문학상, 전국계간문예지작품상, 한국시인협회 젊은시인상 등 수상. 한국문인협회 편집국장 역임, 현재 미네르바 부주간, 한국시인 편집위원.

금시아

동검도-성지순례
중간 세계
봄날의 적금
군말 일기
고집을 짓다
아이스크림처럼,

동검도
-성지순례

동냥자루 같은

마음 하나 둘러매고

검붉은 고양이 눈으로 흩어지는

아름다운

도망,

이 발칙한 하루!

중간 세계

적막과 눈물은 어디에서 온 운석일까

한없이 고요하고 단단한 잠, 평등은 점점 투명해지는데 스치는 손끝마저 소음일까 온유해지는

잡초도 자라지 않아 바람 한 점 없는 욕망은 의지조차 무색의 붙박이 사물 같아서 참 자연스러운

바닥도 종점도 없는 저 잠의 자아, 잠이 끝없는 저항이라면 저 잠은 혹 영웅이 아닐까

잠의 바깥을 맞이하는 조력자는

하루하루를 하지만큼 잘라 날마다 천 마리 사막 개미와 만 마리 종이학을 접는다 관을 통과하는 세끼 식사처럼 잠을 뒤집으며

목어의 지느러미를 깨운다

어디에서 손을 놓았는지 중력의 점자로 기록된 잠을 펼치면 우주를 배회하는 저 중간 세계, 해독할 수 있을까

마음을 잘라내는 지름길이란 사막을 건너는 선인장 가시 같아 잠을 모독하지 않는 설움은 이미 조력자의 몫이 아니다

먹이를 찾지 못한 사막 개미처럼 긴긴밤 낭떠러지에서 버둥거리다 흠뻑 젖은 꿈에서 화들짝 깨어나면 저 중간 세계, 휴! 새벽이길

끝없는 잠의 끝장은 어디일까
빈틈없이 꼭 여민 잠은 언제 적 여름을 산책 중일까

왜 다정한 눈빛을 탕진하고 있나

봄날의 적금

당신을 쪼개어 적금을 들었다

졸음처럼 슬금슬금 빠져나간 생계의 기한들
더러더러 만기에 다다르지 못했다

기한이라는 부피가 버거울 때마다
물색없이 네잎클로버를 염탐했던가

꾸벅꾸벅 눈꺼풀에 달라붙던 봄날의 방심은
한여름에도 등골 시린 고리였다

고리의 이자,
한겨울 장작불처럼 쌓인 적도 있었다

저수지 둑방을 달달거리며 달려오는 자전거엔
당신과 과자와 노을이 가득해
아이들 웃음소리 애기똥풀처럼 물들었었다

봄날을 쪼개어 또 적금을 든다

물색없이 기한은
구겨진 넥타이처럼 나뒹굴고 있는데

당신의 언덕엔 벌써 계절이 없다

군말 일기

군말 없이 손님을 치렀다

적당한 대접이 좋았는지 허술이 만만했는지 독감은 달포가 지나고 나서야 엉덩이를 털었다

자주 문을 두드리지 않아야 하고 거리 두기를 잘해야 좋은 이웃이라고 칭찬도 흉도 조금은 숨기면서 외출한 척 이웃을 외면하기도 하는데

앞집은 몇 번이고 벨을 누르고 말을 섞는다

신은 한 인간을 내보낼 때 이웃 자리 하나를 더 선물한다더니 수식도 없는 담장 너머의 안부가 참 미쁘다

이웃의 범주가 근접이라면 지구 반대쪽도 저 우주도 그렇지, 감기조차도 다 근접한 이웃이라는 노래를 흥얼거리다가

어린 딸과 함께 리어그란데 강을 건너는 아빠, 필사에 기댄 채 죽어 있는 딸을 안고 오열하는 이민자를 가만히 넘긴다

오만가지 세상 안부를 접으며

어쩌면 이웃이란
등 돌리고 돌아서면 정작 가장 외롭고 무서운 오열일 것 같다는 생각

새로 이사 온 옆 통로 이웃은 붉은 수수떡 웃음을 건넸고 오래 살아온 바로 위층의 할머니 주검은 며칠 만에 발견되었다

적당한 예의를 물리고 군말을 한술 뜬다

참 멀다고, 참 가깝다고,

고집을 짓다

어제는 집을 몇 채나 샀지

감정은 온갖 장치들과 어깨를 부딪치고
산적한 말들은 빙벽을 오르내리다 엉덩방아를 찧지

고집은 편협해 문지방에 겹겹 거절을 세워놓거나 문턱을 더 높이 쌓아올리는데

고정된 설계도를 그릴 수 없어 비눗방울처럼 떠다니거나 단단한 껍질 속에 웅크리고 숨어드는데

계단이나 아랫목 없어도 익숙하게 드나드는 나와 딱 맞는 집을 사수하기 위해 생각과 생각들 충돌을 거듭하지

설득의 열쇠를 잃어버렸거나
고집의 이유 활어처럼 팔팔하거나

큰 집을 지을수록 소금 기둥이나 피라미드 같은 쓸쓸과 적요, 무장 가득해지지

어떤 명인의 고집을 잘라 그 단면을 본 적 있었지
그는 그저 원시적이거나 내밀했고 고집은 오로지 저 혼자였지 고독은 심해처럼 폐쇄적이거나 하늘처럼 광대해 더없이 깊어보였지

이런 집이라면,

하얀 종탑 하나 세울 수 있을까
아득한 곳까지 종소리 은은하게 울려 퍼질까

고집이란
깊고 깊은 우물 속으로 침잠하는 일, 짓고 지우며 텅 비어 가는 길,

나는 오늘도 허공에 지붕을 올리지
몇 채나 되는 고집을 세우고 또 허물지

아이스크림처럼,

봄 햇살 선두에 둥둥 떠가는 꽃 한 채

마을 앞 느티나무를 한 바퀴 돌아
몇 번인지 술에 취해
허우적거렸던 다리를 건너
미움이랑 아쉬움의 쪽문까지 슬그머니 열어보고는
긴 행렬을 끌고 산으로 간다

가느다란 햇살 사이로 하얀 눈발 흩날리는데

뒤따름에도 차례가 있어
진한 울음 뒤로
훌쩍이는 인연들 웅성웅성 따라간다

산 자들의 무릎을 바닥까지 끌어내리며
막판까지 부려보는 호기는
뒤를 돌아본다거나 물러선다거나
타협이 없다

길 하나를 다 차지하고 가는 저 호사,

생전에 누려보지 못했던 마지막 권력이 아닌가

저 권력도 아이스크림처럼, 금세 녹겠지
다디단 것은 왜 저리 빨리 사라지는가

죽음이 끝이라면
그 끝은 저 산 위나 저 밭 귀퉁이 아니면
산 자들의 울음이 도착하는 곳,
배웅하는 행렬의 요령소리가 멈춰서는 곳, 이겠다

꽃상여를 따르는 눈발들 이마에 닿기도 전에

금시아

2014년 『시와표현』 시, 2022년 『월간문학』 동화 등단. 시집 『고요한 세상의 쓸쓸함은 물밑 한 뼘 어디쯤일까』 『입술을 줍다』 『툭,의 녹취록』, 사진시집 『금시아의 춘천詩_미훈微醺에 들다』, 단편동화집 『똥 싼 나무』, 산문집 『뜻밖의 만남, Ana』, 시썽집 『안개는 사람을 닮았다』 등. 제3회 여성조선문학상 대상, 제5회 강원문학 작품상, 제16회 강원여성문학상우수상, 제14회 춘천문학상, 제17회 김유정기억하기전국공모전 '시' 대상 등. 현 강원문인협회, 강원여성문학인회, 강원아동문학 이사.

강빛나

사명
푸른 날의 지팡이
잔나비와 말
초록눈의 물고기
먹구름
므두셀라 증후군

사명

말씀을 먹고 바깥으로 나왔다

어떻게 말씀이 육신이 되는지
보여 주려고

누구에게는 일용할 양식이
누구에게는 지나가는 징 소리여서

바늘귀를 빠져나가면서
앞산을 흔드는 바람의 추임새같이
골수를 쪼개지 않아도
영육에 쏙쏙 박히기를 꿈꾸었다

행간 사이
빛이 지나갈 때마다 일어서는 불
갓 볶은 원두를 풍미하듯
마차에서 에디오피아 내시를 만나고

심장이 벅차오른다는 건 이럴 때 하는 말일 거야

어쩌면
보이지 않아서 더 믿을 수 있는

신비의 껍질을 벗기면 단단하게 박혀 있는
복음 알갱이들

아무 쥔 것 없어도
땅끝까지 전할 수 있는 힘

네게는 어떤 빛 알갱이로 와서 박히는지
한번 귀를 열어 볼래

푸른 날의 지팡이

우주를 떠받치다 닳아서 누워버린 지팡이를
집으로 데려왔네
가볍지만 들기는 만만찮은

뼈대는 갯바람을 입어 폐허처럼
구멍이 숭숭해졌는데

내 아홉 살 기억 속의 운동회만 열리고 있네

지팡이를 잡고 일등으로 달려서 받은
푸른 노트 세 권,
삶의 주름이 선명해지는 날이면
넘긴 페이지가 많아지네

누가 주저앉은 뼈대를 곧추세울 수 있나
흐물흐물한 삶의 껍질을 위로 당겨
뽀송한 웃음을 되살릴 수 있나

건네는 말은 혀끝에서 미끄러지고
망각의 모서리에 부딪힌 멍울은

안간힘을 다해 붙잡을 곳을 찾고 있네

청려장은 필요 없어
걸을 수 없는 장수長壽는 축복이 아니라서
다섯 살로 돌아간 떼쟁이 지팡이가 마법을 부린다면

하루만이라도 운동장으로 나가 그날처럼 달려 줬으면
고목에서 싹이 폴짝 뛰어
바다 건너 개발*하러 가 주었으면

*개발-갯가에서 조개 등을 캐는 일의 사량도 방언.

잔나비와 말

지나가는 바람 이마 짚으며 그의 등에 앉아요

목련 가지 위에 앉은 박새 모양
다리를 올렸다, 내렸다
바람의 귓불을 만지며 난 미로 없는 허밍을 해요

가끔은 주저앉고 싶을 만도 한데
그는 옆도 뒤도 보지 않고
앞만 보고 달리고

보여 주고 싶은 것이 많아 멈출 수가 없는지
굶주린 슬픔이 따라와 뒤돌아보기 싫은지
한번 입력하면 오차 없는 알람처럼
단번에 아침을 일으켜 세우는 시계추

다가서고 멀어지는 건 고상한 나의 취미 같아요

 맨 처음 우리는 궁합이 안 맞는다고 헤어질 뻔했어요 침대가 아니면 별 볼 일 없잖아요 갈 곳 없는 밤을 수없이 토닥이다 손발이 스쳐 꼬물거리는 발가락 스무 개를 만들었죠 한동안 내려서 걸어도 보았지만 감당할 무게가 있어 힘껏 달릴 수밖에 없었다는 그의 진흙 발린 생의 깍지

    미안해서 두터워서 다시 올라탈 때
    익숙한 등 위에서
    나는 비로소 숨은 꾀가 활짝 피어나지요

    오늘은 목련 향기 한 움큼 그의 코에 들이대고
    만화방창
    고삐를 살짝 늦춰도 될 것 같아요
    세상은 제 알아서 가는데요, 뭘

초록 눈의 물고기

한여름 장마를 몰고 온 초록 눈의 물고기들
습지대를 몰고 내 창문에 매달렸다

발원을 알 수 없는 잎 비린내가 가득

다닥다닥 붙어서 놓치기 싫은 게 있는 걸까
희미한 지느러미를 파닥이며 7월로 온 그들

그달은 남자의 겨드랑이에서도 비린내가 스물거렸다
왼쪽 팔을 베면 미지의 바다가 울렁거려
파도를 넘는 기분
그때마다 방향키를 잡고 곡예의 시간을
숙성시켜주었던 사람

서슬 퍼런 파고와 파고 사이에서
말린 물의 척추에서 내밀하게 자란

축축한 날씨를 업고
무거운 울음을 흘려보내는 방식을 찾다 보면
늘 나보다 한발 앞서 있는 당신

어느새 초록 눈의 물고기들 모여
텁텁한 여름을 조각하고 있다

당신 창가에 서 있는 나도 그들처럼
꿈을 매달고 휘청이다 멈춰 서는
풀잎 이슬 같아서

얼마나 많은 눈물이 자라 빗물로 내게 왔을까

화끈한 태양을 예비하는 그의 바쁜 손놀림에
예각의 입에서는 초록 물이 부풀고 있다

먹구름

　상담사님, 가시덤불 같아요 우리집이 언제부터 긍휼을 베풀며 키운 천사의 눈이 괴괴해요 밤이면 문틈으로 컴퓨터 키보드에서 생쥐 소리가 나고요 박박 긁다가 창문 우는 소리도 들려요 바람이 동조하듯 거실을 뛰어다니고 있어요 천사에서 멀어진 천사의 걸음이 흔들려요 궁지에 몰린 송곳니가 길어지고 있어요 집에 들어가기 싫어서 우리는 자동차 조수석에 웅그리고 앉아 새벽을 기다려요 천사의 키를 눌러 다시 유치원으로 보내도 될까요 양육이 통하던 날은 지나갔고, 난간을 흔드는 외행성 같은 천사의 언어가 거짓말로 휘발되는 날이 많아요 한 방의 기억에 잡혀 몰빵, 몰빵 구름을 넘어가고 있어요 잠깐 쇳가루 날리는 불똥인 줄 알았어요 뾰족한 거스러미 하나가 새끼손톱 밑을 찔러 수시로 욱신거려요 상담사님, 천사를 어르는 것과 자르는 것 중 어느 쪽이 나을까요 세상에 없는 천사의 언어가 몰빵의 직격탄을 맞고 우울에 뒤엉키고 있어요 우리의 핸드폰은 어제 구름을 해제했고 오늘 차단이에요

므두셀라 증후군

너는 안개
슬플 때 걷는다

내 몸 어디 응결된 물방울이 있어
아무도 모르게
각자의 끝사랑 귀퉁이에 살면서
불행할 때 자욱하게 피어오른다
대학가 축제의 그 밤
뒷골목에 감돌던 어설픈 숨소리
알 수 없는 두려움에 그냥 가야겠다고
단호한 뒷모습만 보여 주었던
연두가 차르르 짙어가던 시절의 마음
끝난 줄 알았는데 끝나지 않고
쌉싸름한 줄기 끝에 아슴하게 매달린 박무,
물방울 속에도 사람의 마을이 있어
슬픔이 표류하다 안도하는 곳
길이 흘러온 곳으로 마음이 정박해서
지금 눈앞의 기척에도
멀어짐으로써 가득한
내 텁텁한 날의 보늬

강빛나

2017년 『미네르바』로 등단. 시집 『만지면 없는 당신을 가졌어요』. 제2회 예천 내성천문예공모 대상. 시예술아카데미상 수상. 현재 계간 미네르바 편집장, 성남민예총 문학위원회 위원장. 한성뉴스넷 대표 기자.

하두자

언니 딸기
부루마불 게임
실용적인 졸업식
온기
예당호에서
불면

언니, 딸기

언니,

정원에 언니를 심었다 월남 파병 군복 같은 딸기 잎사귀 사이로 언니의 유두 같은 딸기가 돋았다 딸기에서 폭탄 냄새가 났다 부산항 부두에는 맹호부대를 싣고 월남으로 떠나는 환송식이 있었다 엄마는 월남치마를 입고 언니를 뽑으며 그저 예쁘게 자라라고만 속삭였지

그런 날 있지,

풀 한 포기 구름도 한 점도 총과 폭탄에 다치지 않는 날

오늘이 생일이면서 기일이기도 한 날

딸기처럼 입술이 붉은 언니는 자주 헌책방으로 군인을 피해 숨어들기도 했어 맨발로 춤추는 언니는 월남 소녀를 닮았지 재즈 탱고 왈츠와 군인과 교복입은 소녀들과 포단이 힘께 자라니던 동네

딸기밭에서 언니는 신나서 사랑이니 혁명이니 희생을 말하면서 향냄새로 흩어지는

 언니의 표정을 바라보던 그 많은 딸기들도 언니 따라갔을까
 딸기를 먹으면 폭탄 맛이 나

 언니,

부루마불 게임

월세를 끼고 앉아
당신과 게임을 해요

주사위를 던질 때 통장 잔고 따윈 필요 없어요
우연과 우연 사이에 낀 필연의 숫자만 필요해요

앞서거니 뒤서거니 보드판 위를 내달려요
언제쯤 우리만의 도시를 건설할 수 있을까요

온종일 보드판 위에서 꿈꾸다 무인도에 갇힐 수도 있어요
공정하지 못한 일이 일어나도
우리는 민주시민으로 고개를 끄덕일 거예요

한순간 최고와 최선 사이에서
당신이 7의 숫자를 가졌네요

전전긍긍힐 월세가 사라졌나요
출근길 토스트 냄새가 기억나지 않나요
갑자기 하와이 오늘의 날씨가 궁금해지나요

게임이 끝나도

우린 다시 통장 잔고가 다시 채워질거예요

그러니 게임이든 게임 밖이든

지금의 당신과 나만의 도시만 생각하기로 해요

상상만 합시다

실용적인 졸업식

학교는 아픈 줄 모르는 만성위염자
우리를 시험에 들게 하죠

칠판과 책걸상 앞에서
자세나 방향을 바꾸지 못하고
우리는 교복을 입고 백지처럼 납작해졌죠

엄마와 선생님이 군인의 표정을 하고 있어

익숙한 명령형 문장 앞에선
슬럼프에 빠져도 장이 뒤틀려도
우린 아프지 않은 척해야 했어요

주말엔 주변인이 되어
낯선 주어를 발견하면 무조건 암기를 했지만
책 속엔 한 소녀가 서성였고 책밖엔 엄마가 군인처럼
서성였죠

어쩌다 잔디밭에서 햄버거를 먹고
한 개비 피워 올리는 담배 연기가 서정적 위로였죠

한 번 터진 웃음이나 눈물은 참기 어려웠지만
의자는 앉는 의자와 빈 의자로 나눠져 웃프기만 했어요

오늘
졸업을 해요

축사나 교장 선생님 말씀에 인문학적 박수를 치고
새롭게 始作 해보려고요
실용적으로

별이 쓰리스타처럼 빤짝이는 밤이예요

온기

검은 실이
툭,
끊겨

헛웃음이 삼사오오 모였다 흩어지고
터진 곳의 행로에 대해 조금 빠르게 잡아주려는 손

어제의 연(緣)을 뜯고
오늘의 귀를 맞춰 매듭짓는 동안
뒤바뀐 자리에 낯선 입김이 묻어 있다

덧댄 자리와 부스러기를 가위로 자르며
어딘가를 누비다 돌아와 강의 바닥을 찍는 해오라기의 부리처럼
어느 날 나도 당신을 콕콕 찍을 수 있어
주머니를 뒤집어 냄새를 턴다

이런 날은 전력을 다해 떠쳐나갔으면 했다

당신의 저문 눈동자는

나를 휘감치기 할 수 없게 만들어
박음질 되어 아무도 들일 수 없는 마음 한켠을 짚어보며
색실을 감는다

다 풀어놓은 자백처럼
당신의 흠과 나의 흠이 서로 자리 다툼할 때
색색의 천을 깁거나 감치면서 연緣의 구도자 인양
마음 한 자락 말끔히 베어내고

꿰매는

손,

그 안에
아주 작은 온기가 산다

예당호에서

예당호를 걸으면
놋그릇처럼 퍼져가며 녹슨 물결들

호수의 바닥을 밀치면
어머니와 할머니가 순장된 예언자들의 놋그릇을 닦고 있다

한 가게의
종부의 발자국은 죽음을 읽은 후에야
비로소 어른이 된다는 걸
걸을 때마다 나를 집어삼키던 운명들

낡은 고택에 묵힌 전통주같이
나는 내가 누군지 몰라 몽롱해진다

군락을 이루었다 사라진
안개에 젖은 족보를 펼치면

예당호의 안개는
죽은 것도 아니고 산 것도 아니어서

걸을 때마다
물결이 늙은 뱀처럼 방향을 바꾼다

느리게
물결의 보법으로
물의 허물을 벗고 있다

불면

제사장이 의식을 치루듯 어둠 속에 나를 누인다
내 자신도 알 수 없는
저 심연의 깊은 곳을 찾아
시간 밖이겠거니 숨조차 쉬지 않으려고 단단히 벼르는데
갈그작, 깍작,
나를 발굴하려는 어느 고고학자의 송곳

초침이 걸어오는 소리
더 깊은 곳을 찾아 백 만년의 기억 속을 더듬는다
부드러운 산등성이가 되었다가
날카로운 장미의 가시가 되었다가

그리고 암전,
또 다시 암전 불이란 불은 모두 꺼버리고
눈조차 없는 듯 보았던 풍경들을 밀어내고
고요를 쟁이고 쟁인다

개미만한 소리가 드릴 소리로 바뀌더니
바닥을 드러낸 연못에서 뒤척이는 물고기 한 마리

간절할수록 얕아지는 잠의 깊이
이면지라도 숨으려고 부스럭부스럭 뒤적이는
한 권의 밤을 위해 알약을 먹는다

한 알을 삼키고 가슴에 손을 얹고 눕는다
그러고 그러다가 갈피갈피 매달린 낱장의 새벽으로
바깥이 쏟아진다

문장들이 어디로 갔지
구겨진 침대에서 쏟아지는 구겨진 얼굴들
한 뭉치의 폐지

하두자

1998년 『심상』으로 등단. 시집 『물의 집에 들다』 『불안에게 들키다』 『프릴 원피스와 생쥐』 『이별 뒤에 먼 곳이 생겼다』 등. 리토피아문학상 등 수상.

유현숙

자두나무
밀롱가
클래식 풍으로 연軟께
눈빛, 오후 6시의
푸른 꽃
무자경無子經 한 채

자두나무

마당 귀퉁이에 심은 자두나무

꽃 피었다

흑자두 익을 때까지 돌풍도 비껴가지

사기 쟁반에 숲 그늘 깔고

물컹한 바람 한 입 베어 물면

기다림은 딥키스 만큼 깊어지지

그땐

나무 아래 오래 서 있던 슬픈 사람의 어깨에도

자두 향 피어나지,

밀롱가

결코 엉기지 않아
시스루 드레스는 두 박자 열정이지
목은 꼿꼿이 가슴은 활짝, 겨드랑이에 날개 돋지
은구슬 힐이 가는대로 빨간 페디큐어 발가락 리듬을 타지

낯선 어깨에 나비를 얹어도 좋아
젤라또 같은 꿈이란
밀도 높은 향미를 품었을 때 꿈답지
눈빛 by 눈빛, 스텝 by 스텝
닻을 올리고 순풍을 가르며
멈출 듯 멈출 수 없어, 내닫는 미궁의 카덴짜

바닥을 향한 몰입과
갈망의 불길에 휩싸이는 오, 관능의 여제여

스텝은 현란하고
뱀처럼 허리를 감은 선장은 해저를 향해 키를 잡지
당신이란 물속을 탐구하지
이 선상엔 규칙이 있을 뿐

오로지 땅고tango, 땅고만 있을 뿐
몸의 굴절율만 있을 뿐

음악이 끝나기까지 단 3분 그것이
내 연애의 전부야.

클래식 풍으로 연軟께

날이 찹니다

보내주신 사색들 잘 받았습니다

정갈한 서체와 정갈한 품성에 벅찼습니다

선뜻 답 드리기 어려워 몇 날을 보내고

그러는 동안

계신 거처로 다가앉아 보지만 어디 그 마음자리 짚겠습니까

펼쳐 놓으신 여름이 유독 부드럽고 선연합니다

바라보는 눈짓이

울먹거림이 그윽하고 잔잔한 고해성사입니다

옅고 두렷하고 날카롭고 은은한 사유의 갈피를

향유할 수 있어 감동 큽니다

미자美子와 미자微子는 실존과 현상입니다

발현되는 현상現象을 비의라 불러도 될까요

미자에게 띄울 다음 서신은 언제쯤일지

미자微子는

언제쯤 밀도 있는 답장을 보내올는지요

을사년 정월
흐린 하늘의 오후에 총총.

  추신: 미자美子는 노래 잘하던 어릴 적 동무, 미자微子는 중성미자neutrino.

눈빛, 오후 6시의

오후 6시의 눈빛은

돌을 밟고 내려와

숲의 이마를 어루만진다

말이 사라진 숲은

그림자만 길게 끌고 온다

돌 캐고

돌 얼굴을 골라 심느라

그해 봄날은

손등이 검게 탔다

꽃둥지 지나

고양이는 뒷짐 지고

나보다 먼저 돌길 밟고 와

맨드라미 꽃 더미 아래

새끼 세 마리를 낳았다

오후 4시를 지나

오후 6시의 눈빛에는

숲 한 채 오롯이 잠들어 있다.

푸른 꽃

사월에 P를 만났다
작약꽃 터진 꽃그늘에서 흘러내린 흰 머리칼을
쓸어 올리고 있었다

오래 못 보며 지내왔던 무궁무궁한 사람

늦은 점심으로 쌀국수를 먹으며
면발 몇 오라기 남은 국물마저 통째 들고 마셨다
들고 마신 플라스틱 면기에는
그가 살고
내가 살아 온
국숫발 같은 이야기가 가닥가닥 화해했다

국립중앙박물관 겨울 못 뜰의 푸른 꽃
오가며 자주 지나쳤던 그 꽃

산동네 지하방에서 만났던 곰팡이 꽃
벽을 기어오르던 푸른 절망과 공생하던 이는
벼린 칼 하나와 공의로울 천칭을 쥐고
마틸데를 찾아 떠난 하인리히처럼

강호를 떠났다

말[馬]의 고삐를 쥐고
낭만의 나막신을 신고
안개 숲을 지나 지금은 어디까지 걷고 있을까

누구도 기억하지 않는 죽음의 섬 너머에 닿아
눈 먼 시간들,
그림자만 남기고 유폐된 신화 한 책 펼쳐 놓았을까.

*『푸른 꽃』: 노발리스의 소설(이용준 옮김).

무자경無字經 한 채

지나온 것들이 이름도 울음도 없이 소실되며
맥박을 건너옵니다

비탈을 올라서면 낡은 한 칸짜리 오두막
뒤곁 대숲에서 바람 불 때마다
스스스 귀신 울음 들렸어요
그 울음 뼈마디에 박힙니다
낯선 사람 반겨
하룻밤 오고 간 이야기들 만 리 첩첩 연봉連峯이던,
내가 없이 내가 사는 경계에서
달빛은 꼬리연 같은 기척을 냅니다

머문다는 것이 얼마나 불완전한 환상인지
희미하게 밝아오는 새벽빛에
자리끼 사발처럼 비워져 가는 달 그림자
그 자리 말갛습니다

기어이 새벽이 와

집착과 고독과 묵^黙 한 방울과 말로 다 못할 사랑까지
내가 버려야 할 것들 털어냈을 때
푸른 안개 속으로
청학은 내 앞에 깃을 펼쳤습니다
비늘 같은 깃 끝마다 물기 머금은 허공이
매달려 있습니다

다음 생이 있다면 아무도 부르지 않는 이름으로
한 마리 청학 되어 날고 싶습니다.

유현숙

2001년 『농앙일보』와 2003년 『문학.선』으로 등단 시집 『몹시』 『외치의 혀』 『서해와 동침하다』 외 eBook 『우짜꼬!』 『고독한 여름』. 수필집 공저 『세상의 존귀하신 분들께』 등. 한국문화예술위원회 창작기금 수혜(2009년), 제10회 미네르바작품상 수상(2017년).

시동인 미루 **3호**

미루

초판 1쇄 | 2025년 10월 15일

저　자 | 신새벽 외
발행인 | 윤승천
발행처 | ㈜건강신문사

등록번호 | 제25100-2010-000016호

주　소 | 서울특별시 은평구 통일로 712-1
전　화 | 02)305-6077(대표)
팩　스 | 02)305-1436

인터넷건강신문 | www.kksm.co.kr
헬스데일리 | www.healthdaily.co.kr
한국의 첨단의술 | www.khtm.co.kr

ISBN 978-89-6267-153-7 (03800)

◆ 잘못된 책은 바꾸어 드립니다.
◆ 이 책에 대한 판권은 ㈜건강신문사에 있으며, 저작권은 저자와 ㈜건강신문사에 있습니다.
◆ 허가없는 무단인용 및 복제·복사·카페·블로그·인터넷 게재를 금합니다.